BEI GRIN MACHT SICH IHR WISSEN BEZAHLT

AF155601

- Wir veröffentlichen Ihre Hausarbeit,
  Bachelor- und Masterarbeit

- Ihr eigenes eBook und Buch -
  weltweit in allen wichtigen Shops

- Verdienen Sie an jedem Verkauf

Jetzt bei www.GRIN.com hochladen und kostenlos publizieren

Christoph Zamilski

Rut, Ester, Judit - Vergleich der drei Frauen und ihrer Rollen

GRIN Verlag

Bibliografische Information der Deutschen Nationalbibliothek:

Die Deutsche Bibliothek verzeichnet diese Publikation in der Deutschen National-
bibliografie; detaillierte bibliografische Daten sind im Internet über http://dnb.d-
nb.de/ abrufbar.

Impressum:

Copyright © 2008 GRIN Verlag GmbH
Druck und Bindung: Books on Demand GmbH, Norderstedt Germany
ISBN: 978-3-640-30413-4

Dieses Buch bei GRIN:

http://www.grin.com/de/e-book/124829/rut-ester-judit-vergleich-der-drei-frauen-
und-ihrer-rollen

GRIN - Your knowledge has value

Der GRIN Verlag publiziert seit 1998 wissenschaftliche Arbeiten von Studenten, Hochschullehrern und anderen Akademikern als eBook und gedrucktes Buch. Die Verlagswebsite www.grin.com ist die ideale Plattform zur Veröffentlichung von Hausarbeiten, Abschlussarbeiten, wissenschaftlichen Aufsätzen, Dissertationen und Fachbüchern.

Besuchen Sie uns im Internet:

http://www.grin.com/

http://www.facebook.com/grincom

http://www.twitter.com/grin_com

JUSTUS-LIEBIG-UNIVERSITÄT GIESSEN

Institut für Katholische Theologie im Fachbereich 04

Geschichts- und Kulturwissenschaften

Biblische Theologie – Neutestamentliche Exegese

Rut, Ester, Judit – alttestamentliche Frauenrollen

RUT, ESTER, JUDIT – VERGLEICH DER DREI FRAUEN UND IHRER ROLLEN

Sommersemester 2008

CHRISTOPH ZAMILSKI

4. Semester, Lehramt

INHALT

EINLEITUNG

Mein Referat im Proseminar „Rut, Ester, Judit - Alttestamentliche Frauenrollen" hatte den Vergleich der drei Frauen und ihrer Rollen zum Thema. In der folgenden Ausarbeitung des Referats werde ich nun diese Thematik nochmals beleuchten und an gegebenen Stellen vertiefen.

Diese drei Bücher sind einige der wenigen Bücher im Alten Testament, in denen Frauen die Hauptrolle zufällt und die nach Frauen benannt sind. Allein auf Grund dieser Besonderheit ist es schon angebracht sich mit den Büchern, ihren Hauptpersonen und ihrer Bedeutung und Funktion für die Leser damals und heute, auch und besonders in Bezug auf die weibliche Leserschaft, zu beschäftigen und auseinanderzusetzen.

In meiner Ausarbeitung werde ich im ersten Teil kurz den Inhalt der drei Bücher und ihre Entstehungszeit zusammenfassen. Dann möchte ich auf die allgemeine Rollenerwartungen an die Frau im alten Israel eingehen, um ein Hintergrundwissen über die ‚gewöhnliche Frau von Damals', als Kontrast bzw. Vergleichsbild zu den drei Hauptfiguren der Bücher, zu schaffen.
Im Hauptteil erfolgt dann die Beleuchtung der drei Frauen, ihrer Charaktere, ihrer Rollen, Funktionen und Eigenarten. Des Weiteren werde ich auf unterschiedliche Deutungs- und Interpretationsversuche der Forschung Bezug nehmen.
Der Schlussteil wird dann eine abschließende, direkte Gegenüberstellung der drei Frauen und ihrer Rollen beinhalten.

I DIE FRAU IM ALTEN ISRAEL

Die allgemeine Rollenerwartung an die Frau im alten Israel war geprägt von der Grundform der antiken Sozialverfassung, dem Patriarchat[1].

Dies wirkte sich so auf das Leben der Frau aus, dass diese kaum eigenständig öffentlich in Erscheinung treten konnte: Sie hatte keinen Einfluss darauf mit welchem Mann sie verheiratet wurde, schon gar nicht konnte sie sich so einfach Scheiden lassen, zudem durfte sie keinerlei Geschäftsabschlüsse tätigen. Sie unterstand rechtlich dem Familienoberhaupt, zunächst ihrem Vater, dann, war sie verheiratet, ihrem Mann.

Ihr eigentlicher Wirkungsbereich beschränkte sich ausschließlich auf den Haushalt und die Familie. Ihre Aufgaben waren hier kochen, putzen, gebären. Immerhin war sie in der Erziehung der Kinder weitgehend gleichberechtigt, weshalb „die Rolle der Frau gegenüber dem Mann aufgewertet"[2] wird. Auch die Namensgebung lag weitgehend im Entscheidungsbereich der Mutter.[3]

Verwitwung in damaliger Zeit bedeutete für die Frauen, im Normalfall zwei Möglichkeiten: „Zum einen– sofern sie noch jung genug ist- im Sinn der Levitratsehe oder in Form einer neuen Ehe und zum anderen die Rückkehr ins Elternhaus"[4]. Besonders ohne männlichen Nachwuchs war Verwitwung für die Frauen damals gleichbedeutend mit wirtschaftlichem Elend und sozialer Isoliertheit und es war sehr harte Arbeit nötig um sich zumindest ein Leben am Rande der Armutsgrenze zu ermöglichen, was auch dadurch deutlich wird, dass Rut auf das Feld geht zum Ährenlesen, obwohl das damals im Normalfall in den Aufgabenbereich des Mannes fiel[5].

---

[1] Vgl. S. Gorges-Braunwarth, Frauenbilder – Weisheitsbilder – Gottesbilder, 133.
[2] S. Gorges-Braunwarth, Frauenbilder – Weisheitsbilder – Gottesbilder, 135.
[3] Vgl. Ebd.
[4] S. Gorges-Braunwarth, Frauenbilder – Weisheitsbilder – Gottesbilder, 146.
[5] Ebd.

II   RUT, ESTER, JUDIT – BESONDERE MERKMALE IHRER ROLLEN

RUT

Im Zentrum des Buches Rut steht die Treue und die Liebe Ruts, die sie dazu bringen sich in ihrer Liebe „an alle Dimensionen der sozialen und religiösen Existenz der Naemi [zu binden]"[6]. Rut ist somit Beispiel für die in der Bibel oft dargestellte „Paradoxie der Liebe: Wer sich dem anderen vorbehaltlos hingibt, findet sich selbst in seiner Hingabe neu wieder. Nicht wer nimmt, empfängt – sondern wer gibt!"[7] So erklärt sich Rut „zur Lebens- und Schicksalsgefährtin ihrer Schwiegermutter Noomi und zieht mit dieser nach Bethlehem-Juda"[8] und gibt somit eine persönlich bessere Zukunftsperspektive durch Neuverheiratung oder Rückkehr in ihre Ursprungsfamilie selbstlos auf, um für die alte Noomi zu sorgen. Durch diese Lebenshaltung wird Rut auch zum Inbegriff der ‚haesed', der „treuen verwandtschaftlichen Solidarität"[9], die auch zugleich ein Leitwort für das ganze Buch ist. So handelt auch Boas nach dem Gebot der ‚haesed' und gewährt Rut nicht nur die Nachlese, sondern beschenkt sie noch großzügig, um dann im Verlauf der weiteren Geschichte ihrem Wunsch, bzw. ihrer Forderung zu entsprechen und sie gemäß der Leviratsehe zu ehelichen.

Ruts Treuegelöbnis in Rut 1,16f. stellt gleichzeitig den ersten zweier Konventionsbrüche in diesem Buch dar: Denn aus Ruts Entscheidung, sich Noomi anzuschließen und ihr Leben mit ihr fortzuführen, folgt die Konsequenz, dass beide Frauen ein Leben in einer Frauengemeinschaft führen, was zur damaligen Zeit aber völlig undenkbar war, da eine Frau ohne männlichen ‚Vorgesetzten' praktisch jedem gehörte.

Eine weitere Auffälligkeit des Buches ist das Nicht-Beachten des Konfliktpotenzials, welches die Herkunft Ruts und die der Noomi in der damaligen Zeit eigentlich beinhaltete.[10] Die Völker beider Frauen sind seit der Zeit der Wüstenwanderung Israels miteinander verfeindet und der Kontakt

---

[6]   Y. Zakovitch, Das Buch Rut, 41.
[7]   Ebd.
[8]   I. Petermann, Das Buch Rut, 104.
[9]   J. Scharbert, Rut, 23.
[10]   Vgl. J. Scharbert, Rut, 11.

wird den Israeliten durch JHWH mehrfach untersagt, wie zum Beispiel in Dtn 23,4-7 und 1Kön 11,1f.

Der zweite Konventionsbruch wird dieses Mal von Noomi begangen, indem sie Rut dazu anhält, „dem Mann gegenüber sexuell initiativ zu werden"[11]. Durch Ruts Ergreifen der Initiative handelt sie auch aktiv für ihre Reintegration in die Gesellschaft, die nur durch eine erneute Verheiratung möglich erscheint. So arbeiten beide Frauen an dieser Rehabilitation. Noomi als Lenkerin und weise Frau im Hintergrund und Rut als Ausführende der Pläne Noomis.

In diesem Zusammenhang ist auch eine Entwicklung von Ruts Charakter zu erkennen. Eine Bewegung von Abhängigkeit und Fremdbestimmung in Kapitel zwei hin zur Selbstbestimmung in Kapitel drei.[12] Diese Abhängigkeit und Fremdbestimmung macht sich nicht nur in der Ferngesteuertheit Ruts durch Noomi erkennbar, sondern auch in ihrem Auftreten. In Kapitel zwei fordert sie von Boas nur das ihr zustehende Armenrecht, die Nachlese, und ordnet sich der Rollenerwartung gemäß dem Mann unter. In Kapitel drei handelt sie aktiv und wartet nicht ab, wie sonst üblich, dass der Mann auf sie zukommt. Sie tritt aus der Abhängigkeit und Untergeordnetheit dem Boas gegenüber aus und „fordert [...] für sich und Naemi das <Menschenrecht>"[13].

ESTER

Das Buch Ester ist auf den ersten Blick ein Buch, das, anders als das Rutbuch, sich an die damaligen Gesellschaftsnormen hält. Dies fällt bereits zu Beginn des Buches auf, wo „totalitäre, sexistische Machtstrukturen als [...] gesellschaftliche[r] Kontext" präsentiert werden, „ein Imperium, das über viele Völker und Sprachen regiert [und] [...]durch männliche Herrschaft Macht über die Gefühle und Gedanken aller gewinnen [will]"[14]. Und als sich eine Frau, Waschti, anschickt diese Herrschaft und Autorität zu untergraben, wird sie von den Männern, den Herrschern des Staates, verstoßen, um andere Frauen zu warnen es ihr gleich zu tun. So erscheint auch die Hauptfigur Ester als eine

---

[11]   I. Petermann, Das Buch Rut, 109.
[12]   Vgl. Y. Zakovitch, Das Buch Rut, 125.
[13]   Y. Zakovitch, Das Buch Rut, 125.
[14]   K. Butting, Das Buch Ester, 170.

dem Idealbild entsprechende Frau, die zu den schönsten in ihrem Lande gehört und schließlich vom König als die Schönste auserwählt wird (Est 2,16f.).

Zudem untersteht Ester nicht nur ihrem Mann, sondern „blieb trotz ihrer hohen Stellung weiterhin ihrem Pflegevater gehorsam, so daß dieser seinen Einfluß auf sie ausüben konnte"[15]. So dass das damalige Bild der Frau, die schön und gehorsam sein sollte, zunächst zur Gänze erfüllt wird. Es erscheint zunächst so, als würde Ester sich in ihre untergeordnete Rolle nur zu gern einfügen und sie akzeptieren. So hört sie auf Mordechai, der ihr rät nichts über ihre Herkunft verlauten zu lassen, im Frauenpalast hört sie auf den Rat des Kämmerers was die Auswahl ihres Schmucks usw. für den Gang zum König betrifft. Und schließlich will sie sich, trotz der drohenden Gefahr für ihr Volk und damit auch für sie und Mordechai, dem persischen Gesetz des Königs, ihres Mannes, fügen, das besagt, dass „niemand ungerufen vor den König treten darf"[16], da ihm sonst die Todesstrafe drohe. Gleichzeitig beginnt aber auch mit dieser Szene, der Verweigerung Esters gegenüber Mordechais, die ‚Verwandlung' Esters. Denn zum ersten Mal widersetzt sie sich einer Aufforderung eines Mannes. Der endgültige Bruch mit dem Idealbild ist wohl in Est 4,15ff zu finden, als Ester aus ihrer Rolle der gefolgsamen Frau ausbricht und dem Mordechai Befehle erteilt, die er an das jüdische Volk weitergeben soll. Diese Entwicklung setzt sich im Gang der Ester zu Xerxes fort, als sie beschließt das Gesetz doch zu brechen und den Tod zu riskieren, um ihr Volk zu retten (Est 5,1-3).

Eine weitere Besonderheit des Buches und der Rolle Esters ist die auffällige Gemeinsamkeit mit der Josefsgeschichte (Gen 37-50). Zum einen gibt es Parallelen zwischen Mordechai und Josef wie die öffentliche Ehrung (Est 6,11/Gen 41,42b.43), die Überreichung des Siegelringes durch den Herrscher (Est 8,2/Gen 41,42). Zudem wird Mordechai, wie auch Josef, der zweite Mann im Staat (Est 10,3/ Gen 41,43). Doch genauso gibt es Parallelen zwischen Esters Geschichte und der von Josef in Ägypten. Die Schönheit der beiden ist in sehr ähnlichem Wortlaut formuliert (Est 2,7/Gen 39,6) wegen der beide auch in Gefahr kommen. Beide benutzen auch ihre Stellung am Königshof, um ihr

---

[15]   H. Bückers, Herders Bibelkommentar IV/2, 343.
[16]   H. Bückers, Herders Bibelkommentar IV/2, 351.

Volk aus der Not zu befreien.[17] Diese Parallelen erklärt Butting damit, „daß die Josefsgeschichte dem Esterbuch als Modell diente. [...] Die entscheidende Figur – Josef selbst – wird in zwei Personen, einem Mann und einer Frau neu geschaffen."[18]

Insgesamt kann Ester wohl als Heldin entsprechend der jüdischen Tradition gesehen werden, wie sie Pauline Bebe beschreibt: „Sie greift in die Geschichte ein, aber bleibt dabei zurückgezogen und, zweifelt, anders als Vaschti, die männliche Autorität nicht an. Sie wirft die patriarchalische Struktur nicht über den Haufen, sondern passt sich ihr an — so geht von ihr keine Gefahr für die Gesellschaftsordnung aus."[19]

JUDIT

Judit wird bei ihrem ersten Auftritt im Buch als ‚Traumfrau' beschrieben: klug, wunderschön, gottesfürchtig und zudem noch wohlhabend. Dennoch wird Judits Rolle sehr oft auf verschiedenste Weise interpretiert. In der Literatur findet man Rollenbeschreibungen wie Heldin, Verkörperung wahrer Frömmigkeit, Mutter Israels, weise Frau, Retterin Israels, Betrügerin, phallische Frau, weiblicher Krieger. Mieke Bal erklärt dieses Phänomen mit der Theorie der „ideo-story"[20]: Eine ‚ideo-story' beschreibt eine Erzählung, deren Struktur und Aussageabsicht oft unterschiedliche Interpretationen, entgegengesetzte Ideologien und Messages vermitteln, zumindest kann es für verschiedene Leser so erscheinen, abhängig von dem Standpunkt, von dem aus der Leser die sehr offen gehaltene Erzählung interpretieren und ausfüllen will.[21]

Da das Buch eigentlich die Größe JHWS zum Mittelpunkt hat, ist eine weitere Frage, die bei der Rollenbetrachtung und der Bedeutungssuche der Figur Judit aufkommt, ob Judit gar keine Heldinnenfigur ist, sondern nur narrativ die Helferin eines männlichen Helden, nämlich JHWH ist.[22] Diese Theorie

---

17   Vgl. K. Butting, Das Buch Ester, 170f.
18   K. Butting, Das Buch Ester, 171.
19   http://www.hagalil.com/kovar/frauen/esther.htm
20   M.Bal, „Judith" on the Cutting Edge of Knowledge, 264.
21   Vgl. Ebd.
22   Vgl. P. Milne, What shall we do with Judith? A Feminist Reassessment of a biblical „Heroine", 54.

verneint aber beispielsweise Claudia Rakel mit den Argumenten, „daß JHWH im gesamten Juditbuch nur ein einziges Mal als handelndes Subjekt auftaucht. Dies ist mit der Rolle des Helden nicht vereinbar, da mit ihr traditionell die meisten Handlungsanteile verbunden sind.“[23] So schließe auch die zentrale Frage nach Gott nicht die Heldinnenrolle Judits aus.[24]

Ein weiterer Aspekt der Juditrolle ist der der *mimesis* (griech. Darstellung/Nachahmung). Im gesamten Buch tritt Judit nicht der damaligen Rollenerwartung entsprechend auf. Sie widerspricht und befiehlt den Männern, sie lebt ohne Mann etc.[25] Dies ist auch ihr eigentlicher Charakter, der „in sich männliche und weibliche Charakterzüge“ vereinigt[26]. Ihre weibliche Seite kommt im Grunde nur einmal zum Vorschein und da wird sie gespielt und gezielt eingesetzt, um Holofernes zu verführen und umbringen zu können. Diese Handlung deckt sich mit dem Mimesis-Konzept. Judit *spielt* die Rolle der verführerischen, der schönen Frau, doch deckt sich diese Rolle nicht mit *ihrer* Realität, sondern mit der des männlichen Geschlechts. „Indem sie die Schönheit mit ihren erotischen Momenten nachahmt, ohne sie zu ihrer Realität werden zu lassen, macht sie diese zu einer Widerstandsform, die sie nutzt, um eine andere Realität herzustellen: die Befreiung Israels.“[27]

Diese Vorgehensweise hat aber wiederum zur Folge, dass viele Exegeten diese in ihrer moralischen Richtigkeit in Frage stellen: Wie kann diese als gottesfürchtig und gläubig beschriebene Frau List, Betrug und Lüge so „bedenkenlos einsetz[en], nicht um die Feinde zu überzeugen, sondern um sie zu vernichten. Welche Art der Frömmigkeit lehrt, daß man Gott bitten könne List zu segnen?“[28] Kann Judit überhaupt als Vorbild für gläubige Menschen dienen?

Doch erscheint diese Fragestellung geprägt vom oben genannten Betrachtungsstandpunkt. So könnte man dieser These entgegenhalten, was Monika Hellmann über Judit als Vorbildsfunktion herausstellt: Zum einen wird Judit zum Vorbild durch ihre Keuschheit. Sie nutzt ihre Weiblichkeit allein zur

---

[23]   C. Rakel, Das Buch Judit, 412.
[24]   Vgl. Ebd.
[25]   Anm.: Zum Frauenbild Judits mehr in Kapitel III
[26]   C. Rakel, Judit – über Schönheit, Macht und Widerstand im Krieg, 74
[27]   C. Rakel, Das Buch Judit, 416.
[28]   E. Beck, Die vier Novellen: Rut, Tobit, Judit, Esther, 158.

Waffe und hat stets die Kontrolle über die Situation, so dass ihre Keuschheit zu keiner Zeit bedroht ist. So wird Judit „in ihrem zutiefst keusche[m] Verhalten […] zum Vorbild […] für die Bewohner Betulias, die sich dem Feind hatten preisgeben wollen."[29] Auch in ihrer Religiosität, Gottesfürchtigkeit und Gesetzestreue wird Judit zum Vorbild, da sie im Gegensatz zu ihrem Volk jederzeit auf Gottes Größe und Führung vertraut und aus diesem Glauben Kraft schöpfen kann.[30] Durch ihr Einhalten der Reinheitsgesetze ist sie zudem würdig, „die Hilfe und Gegenwart Gottes zu erfahren"[31]. Diese Vorbildfunktion in diesen und weiteren Bereichen lassen Judit „als Typ des wahren Israels" erscheinen[32].

Eine weitere These zur Rolle Judits stellt Barbara Schmitz auf, die Judit in der typischen Funktion einer Trickster-Erzählung sieht:

> „In Trickster-Erzählungen setzen sich sozial und politisch Benachteiligte durch geschickte und betrügerische Strategien gegen Mächtige durch und überschreiten auf diese Weise soziale und gesellschaftliche Grenzen sowie stereotype Genderkonstruktionen. In Situationen persönlicher, politischer, ökonomischer oder religiöser Unterdrückung versuchen Trickster-Figuren ihre Underdog-Situation durch alternative Handlungsstrategien zu verbessern. Von den Lesenden erhalten sie dabei auch für die mitunter an der Grenze zum Betrug oder zur Lüge stehenden Aktionen augenzwinkerndes Einverständnis. Die biblische Überlieferung, die immer wieder aus der Perspektive »von unten« erzählt, ist voll von diesen Trickster-Figuren.."[33]

Auf den ersten Blick scheint diese These zuzutreffen, doch ist zu überdenken, ob diese Erzählung wirklich als Trickster-Erzählung anzusehen ist, da Judit nicht unbedingt aus einer Underdog-Position heraus handelt. Sie ist Holofernes und den andern Männern in Intelligenz und Einfallsreichtum überlegen und weiß ihre Stärken richtig einzusetzen. Als Trickster-Erzählung könnte man das

---

[29] M. Hellmann, Judit – eine Frau im Spannungsfeld von Autonomie und göttlicher Führung, 120.
[30] Vgl. M. Hellmann, Judit – eine Frau im Spannungsfeld von Autonomie und göttlicher Führung, 126.
[31] M. Hellmann, Judit – eine Frau im Spannungsfeld von Autonomie und göttlicher Führung, 131.
[32] Ebd. 136.
[33] http://www.bibfor.de/archiv/04.schmitz.htm#trickster

1

Juditbuch höchstens dann sehen, wenn man das Volk Israel in Judit personifiziert und das feindliche Volk durch Holofernes vertreten sieht.

III   RUT, ESTER, JUDIT – Eine Gegenüberstellung

Im folgenden abschließenden und zusammenfassenden Vergleich sollen mehrere Punkte angesprochen werden. Einmal natürlich die Parallelen und augenscheinlichen Unterschiede der drei Bücher und ihren Namensgeberinnen. Zudem sollen die Rollen im Hinblick auf ihre Übereinstimmung mit der damaligen Rollenerwartung einer Frau und ihrer Funktion für die Frauenbewegung beleuchtet werden.

Im Zentrum jedes Buches steht das Wort *Verantwortung*. Dabei geht es aber in den Büchern um zweierlei Arten von Verantwortung. In den Büchern Ester und Judit tragen beide Frauen Verantwortung für ihr ganzes Volk. Es geht darum, dass ihr Einzelschicksal, ihr Triumph oder ihre Niederlage gleichbedeutend sind mit dem Erhalt oder der Vernichtung ihres Volkes, dem Volk Israel.
Das Buch Rut dagegen erzählt eine Alltagsgeschichte, spielt in seinem Zusammenhang und Bedeutungsbereich mehr in einem Mikrokontext. Damit ist gemeint, dass Ruts ‚Erfolg', ihre Reintegration in die soziale Gemeinschaft durch die Ehe mit Boas, nur für sie selbst und für ihre Schwiegermutter Noomi von existentieller Bedeutung ist. Ein weiterer Vergleichspunkt zwischen den Büchern ist der der Ferngesteuertheit und der Entwicklung hin zum Handeln aus eigenem Antrieb. Wie zuvor beschrieben richtet sich Rut fast ausschließlich nach dem Willen und den Ratschlägen Noomis. Doch ist bei ihr eine (oben beschriebene) Entwicklung zu erkennen, die sie zu eigenverantwortlichem Handeln bringt. Noch deutlicher ist diese Entwicklung m.E. bei Ester zu erkennen. Sie macht sich im ersten Teil des Buches gänzlich von den Anweisungen und Ratschlägen anderer (Mordechai, dem Kämmerer, Xerxes) abhängig, ohne eigenverantwortliches Handeln zu offenbaren. Um zu diesem zu kommen bedarf sie noch des Anstoßes durch ihren Pflegevater, doch handelt sie seit der Fastenaufforderung gänzlich eigenständig. Sie geht zum König, sie

lädt dreimal zum Festmahl ein, sie offenbart die wahre Gestalt des Hamanns, sie bittet Xerxes um die Aufhebung des Erlasses gegen die Juden.

Eine solche Entwicklung ist bei Judit hingegen nicht auszumachen. Dies verwundert auch nicht weiter, da sie bei ihrer Einführung im Buch schon als sehr selbstständig und eigenverantwortlich dargestellt wird. Sie lebt trotz ihres Witwenstandes allein, hat sich für ein Leben nur für Gott entschieden. So verwundert es fast nicht, dass Judit nicht von jemandem zum Handeln aufgefordert wird, sondern selbst Anordnungen erteilt und selbst handelt. Diese beschriebene Eigenverantwortlichkeit, dieses mit beiden Beinen im Leben stehen, fehlt in der Charakterbeschreibung der Ester und der Rut völlig. Rut kann dieses unerschütterbare Gottvertrauen einer Judit auch noch nicht haben. Sie bekennt sich erst zum Beginn des Buches zu JHWH, braucht daher noch Orientierungshilfe, zumal sie in ein fremdes Land kommt.

Ester ist sich zwar ihres Glaubens bewusst, doch wird sie als noch sehr jung beschrieben, die von Anfang an von Mordechai gesagt bekommt, dass sie ihre Herkunft und ihren Glauben verschweigen und verstecken müsse. Daher ist ihre anfängliche Zurückhaltung vielleicht damit zu erklären, dass sie mehr oder weniger aus Gewohnheit zunächst an ihre eigene Sicherheit denkt, da sie es von Anfang an so gelernt hat und nicht wie Judit sofort für die Rettung ihres Volkes Partei ergreift.

Als nächstes ist zu untersuchen in wie weit die drei Frauen dem in Kapitel I beschriebenen ‚typischen Frauenbild' entsprechen. Am ehesten kommt wohl Ester diesem Anforderungsprofil nach. Wenn auch nur die zu Beginn beschriebene Ester. Sie ist immer in der Obhut eines Mannes, fügt sich dessen Anweisungen und tritt kaum selbständig auf. Später ändert sich dieses Bild als sie aktiv für die Rettung ihres Volkes handelt. Allerdings kann man sagen, dass sie nicht ganz so rigoros und rücksichtslos um die eigene Person auftritt wie Rut oder Judit. Sie bewegt sich zumeist (die Ausnahme bildet ihr unaufgefordertes Erscheinen vor dem König) auf den ihr zustehenden Wegen und bedient sich den ihr zur Verfügung stehenden Mitteln. Sie tritt nicht als gewalttätige Kriegerin auf wie zum Beispiel Judit. Ester ist mehr als Taktikerin anzusehen. Rut kommt dem Frauenbild nur in sofern nahe, dass sie die

Rückkehr in die Gesellschaft durch eine Wiederverheiratung sucht, das heißt sie akzeptiert zuletzt die Gesellschaftsordnung, nach der allein stehende Frauen kaum eine Chance hatten zu überleben. Allerdings wehrt sie sich zu Beginn des Buches gegen diese Ordnung und kehrt nicht wie vorgesehen in ihre Familie zurück, sondern lebt mit ihrer Schwiegermutter in einer Frauengemeinschaft.

Judit entspricht, wie schon mehrfach erwähnt, überhaupt nicht dem Bild einer damaligen Frau: Sie ist verwitwet, lebt dennoch allein, gibt den Ältesten Anweisungen, rügt sie, erschlägt einen feindlichen Heeresführer etc. Dies sind eigentlich alles Dinge, die zu einem Mann passen würden, nicht aber zu einer Frau im damaligen Erwartungshorizont.

Aus diesen Betrachtungen ergibt sich die Frage nach der Bedeutung der drei Frauenbücher *für* die Frauen. Die Frage ob sich eines der Bücher und somit eine der Frauen für eine Anführerin der modernen Frauenbewegung eignen würde kann wohl, auch mit den bisher erlangten Erkenntnissen, mit Nein beantwortet werden. Rut tritt dafür zu unselbständig auf, zu unentschlossen, für ihren Willen und ihre Rechte einzustehen. Dies gilt auch für Ester, wobei in diesem Buch die Königin Waschti sich eher als Vertreter der Frauenbewegung eignet, die sich dem Befehl des Königs widersetzt und mehr sein will als Zierde des Mannes. So kommt auch Klara Butting zu der Ansicht, dass „Ester [sich] tatsächlich nicht als Heldin [eignet]. Erst nach einer langen Zeit der Anpassung und der Demütigung steht sie auf und handelt, zu diesem Schritt wird sie durch theologisches Nachdenken herausgefordert, und dann taktiert sie in ihrem Widerstand eher, als daß sie wie Waschti geradeaus Nein sagt."[34]

---

[34]   K. Butting, Das Buch Ester, 175.

LITERATURVERZEICHNIS

Bal, M.: „Judith" on the Cutting Edge of Knowledge, in: A. Brenner (Hg.): A Feminist Companion to Esther, Judith and Susanna (FCB 7), Sheffield 1997, 253-336.

Beck, E.: Die vier Novellen: Rut, Tobit, Judit, Esther, in: Eugen Sitarz (Hg.): Höre Israel! Jahwe ist ewig. Bausteine für eine Theologie des Alten Testaments, BiBa 5, Stuttgart u.a. 1987, 143-166.

Butting, K.: Das Buch Ester. Vom Widerstand gegen Antisemitismus und Sexismus, in: L. Schottroff (u.a).(Hg.): Kompendium Feministische Bibelauslegung, Gütersloh ³2007, 169-179.

Bückers, H.: Herders Bibelkommentar. Die Heilige Schrift für das Leben erklärt - Die Bücher Esdras, Nehemias, Tobias, Judith und Esther, Band IV/2, Freiburg 1953, 325-363.

Gorges-Braunwarth, S.: „Frauenbilder – Weisheitsbilder – Gottesbilder" in Spr 1- 9: Die personifizierte Weisheit im Gottesbild der nachexilischen Zeit. Exegese in unserer Zeit; Bd. 9, Münster 2002.

Hellmann, M.: Judit – eine Frau im Spannungsfeld von Autonomie und göttlicher
Führung. Studie über eine Frauengestalt des Alten Testaments (Europäische Hochschulschriften), Frankfurt am Main/Bern u.a. 1992.

Milne, P. J.: What shall we do with Judith? A Feminist Reassessment of a biblical „Heroine", Sem 62, 37-58, Atlanta 1993.

Petermann, I.J.: Das Buch Rut. Grenzgänge zweier Frauen im Patriarchat, in: L. Schottroff (u.a).(Hg.): Kompendium Feministische Bibelauslegung, Gütersloh ³2007, 104-113.

Rakel, J.: Das Buch Judit. Über eine Schönheit, die nicht ist, was sie zu sein vorgibt, in: L. Schottroff (u.a).(Hg.): Kompendium Feministische Bibelauslegung, Gütersloh ³2007, 410-421.

Rakel, C.: Judit – über Schönheit, Macht und Widerstand im Krieg. Eine feministisch- intertextuelle Lektüre (BZAW 334), Berlin/New York 2003.

Scharbert, J.: Rut. In: NEB.AT 33. Würzburg 1994.

Zakovitch, Das Buch Rut. Ein jüdischer Kommentar (SBS 177), Stuttgart 1999.

Internet - Ressourcen:

Barbara Schmitz: Trickster, Schriftgelehrte oder femme fatale? Die Juditfigur zwischen biblischer Erzählung und kunstgeschichtlicher Rezeption, in: Biblisches Forum. Zeitschrift für Theologie aus biblischer Perspektive (2004), URL: <http://www.bibfor.de/archiv/04.schmitz.htm#trickster> (29.07.2008)

Pauline Bebe: ISHA - Frau und Judentum – Enzyklopädie, aus d. Franz. übers. v. Caroline Bechhofer, Egling an der Paar 2004, URL: <http://www.hagalil.com/kovar/frauen/esther.htm> (30.07.2008)